Marc de Smedt

Petit cahier d'exercices de méditation au quotidien

Illustrations Jean Augagneur

jouvence éditions

Dans la même collection PETIT CAHIER

Petit cahier d'exercices de digital detox, Alia Cardyn, 2015

Petit cahier d'exercices pour mieux s'organiser et vivre sans stress, Christel Petitcollin, 2015

Petit cahier d'exercices pour sortir du jeu victime, bourreau, sauveur, Christel Petitcollin, 2014

Petit cahier d'exercices de stimulation des forces de guérison par l'amour, Anne van Stappen, 2014

Petit cahier d'exercices pour réguler son poids selon les thérapies comportementales et cognitives (TCC), Sandrine Gabet-Pujol, 2014

Petit cahier d'exercices de communication non verbale, Patrice Ras, 2014

Petit cahier d'exercices pour pratiquer l'EFT, Maria-Elisa Hurtado-Graciet, 2014

Catalogue gratuit sur simple demande

ÉDITIONS JOUVENCE
BP 90107 – 74161 Saint-Julien-en-Genevois Cedex
Suisse : CP 227 – 1225 Chêne-Bourg (Genève)
Internet : www.editions-jouvence.com
Mail : info@editions-jouvence.com

ISBN : 978-2-88911-552-5
Couverture : Éditions Jouvence
Mise en page : atelier weidmann
Dessins de couverture et intérieurs : Jean Augagneur

Introduction

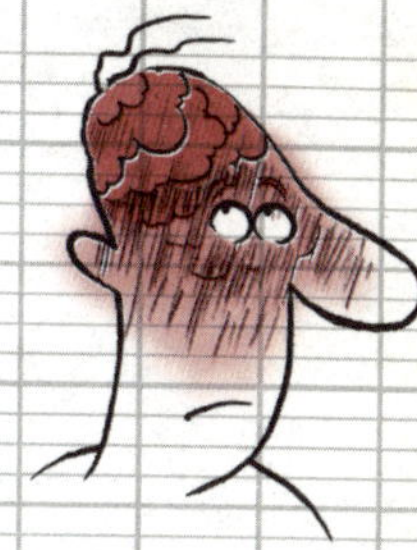

Les sages d'Orient ont toujours comparé notre esprit, notre mental, ce flot d'images, de pensées, d'émotions, de ressentiments, et d'espoirs qui nous habite, à un singe fou. Calmer, pacifier cette agitation perpétuelle qui obscurcit notre conscience, c'est cela le but premier de la méditation. L'acte de méditer, par-delà les techniques préconisées ici, est surtout un **état d'esprit**, un **véritable changement de conscience**, une **transformation de la façon dont on fait**, chaque jour, chaque nuit, **l'expérience du monde**. C'est donc bien un art de vivre, une nouvelle façon d'exister au quotidien, que ce cahier d'exercices et de réflexion souhaite vous proposer.

... ce flot d'images,
de pensées,
d'émotions,
de ressentiments,
et d'espoirs
qui nous habite ...

Apprendre à méditer

Montaigne déjà le remarquait et bien d'autres philosophes avant lui : l'esprit de l'homme dérape sans cesse.
Vrai miroir de nos états émotionnels et de nos angoisses, il est souvent instable, fragmenté, confus, affaibli par ses contradictions et doutes, ainsi que par le bruit de fond permanent qu'il émet.

Méditer, qu'est-ce que c'est ?

C'est d'abord et tout simplement prendre conscience, comme l'exprime si bien l'expression populaire, que l'on est perdu, noyé dans nos pensées. En fait, notre mental n'arrête pas de s'agiter, de se préoccuper, de penser à ce qui est arrivé, d'espérer ou de craindre ce qu'il va arriver, de ressasser sans fin des situations heureuses ou conflictuelles existantes ou imaginées comme telles.

Devenir spectateur de ce théâtre intérieur plutôt qu'acteur, c'est déjà entrer en méditation. Georges Ivanovitch Gurdjieff, un éveilleur du XXe siècle, appelait ce processus

«le rappel de soi». Et le maître zen Taisen Deshimaru disait que, dans l'acte de méditer, notre grand ego, celui qui en nous recherche la calme, la sagesse, l'équilibre et une conscience lucide, contemple notre petit ego, agité, angoissé, boursouflé, vaniteux... Ce regard porté sur nous-même peut être renouvelé plusieurs fois par jour; il amène un réel ressourcement intérieur.

Le verre d'eau boueuse

Les sages d'Orient ont souvent comparé la méditation à un verre d'eau boueuse que l'on puise dans une mare à un moment donné.

Si on laisse reposer ce verre d'eau boueuse sur une table, que se passe-t-il?

La boue se décante, se dépose au fond, et l'eau claire apparaît au-dessus.

Il se passe exactement la même chose lorsqu'on arrête la course de ses activités pour se poser, assis quelques instants, attentif à sa respiration et à son être: l'eau boueuse de nos pensées et émotions, omniprésente au début, se dépose peu à peu et l'eau claire de la conscience lucide apparaît en nous.

Bien sûr la boue ne disparaît pas ; mais, dit-on en Orient, c'est parce qu'elle n'est plus en suspension dans notre esprit et qu'elle se dépose que la graine de lotus, fleur qui est le symbole de la sagesse, peut s'enraciner et pousser vers la surface !

C'est une jolie métaphore, n'est-ce pas ?

« LA MÉDITATION : C'EST LA SAGESSE À LA RECHERCHE DE LA SAGESSE. »

Shunryu Suzuki

Retrouver le calme

Celui qui est défini comme le 6e patriarche du Zen, Houei Neng, vécut en Chine au VIIe siècle et disait déjà: « Le calme est la substance de la sagesse, et la sagesse est la fondation du calme. Chaque fois que fonctionne la sagesse le calme est en elle. Chaque fois que le calme fonctionne, en lui est la sagesse. »

C'est là une sentence magnifique, d'une modernité absolue: en effet, dans notre époque suragitée, où nous avons l'impression que tout va trop vite, que nous sommes sans arrêt débordés et stressés, il s'avère plus que jamais essentiel de savoir retrouver le calme en nous afin de nous libérer de l'emprise de cette pression.

Saviez-vous que ce mot japonais, tellement à la mode aujourd'hui, **ZEN**, signifie tout simplement: méditation; l'expression **zazen** définissant la posture, za: assis, zen: méditer.

« SI LES PENSÉES DU PASSÉ, DU PRÉSENT ET DE L'AVENIR FORMENT UNE CHAÎNE SANS COUPURE DANS NOTRE ESPRIT, IL Y A FABRICATION D'ENTRAVES. »

Houei Neng

Maître Houei Neng avait bien compris le fonctionnement de l'esprit humain : il faut savoir couper la chaîne !

Méditer au boulot ou dans le métro

Il est facile de vivre des moments de méditation, à toute heure, dans le cadre de nos activités quotidiennes. Deux règles:

1) la conscience que l'on a un corps: pour cela, assis à une table de travail, redresser sa colonne vertébrale sans l'adosser au siège, mettre ses mains bien à plat soit sur nos cuisses soit sur le bureau, ressentir la présence de nos pieds, eux aussi à plat sur le sol; arrêter de fixer l'ordinateur ou nos papiers en mettant nos yeux en position mi-close, ce qui donne un regard centré à la fois sur l'intérieur et sur l'extérieur.
2) la conscience de notre respiration: c'est la clé absolue de toute méditation réussie.

Remarquez une chose évidente: la plupart du temps sauf lorsque nous faisons un effort assez violent créant un essoufflement, nous ne sommes pas conscients du fait que nous respirons; de plus notre respiration est faible, elle se situe en haut des poumons, elle nous fait survivre sans plus. Il s'agit à la fois d'amplifier et d'inverser ce processus.

Pour cela, il faut passer à un mode d'expiration profonde, une expiration lente et longue dont la fin se situe dans l'abdomen, sous notre nombril. L'inspiration revient alors naturellement, d'un coup. Cette respiration est le meilleur outil qui soit pour s'oxygéner certes, mais surtout pour mieux canaliser notre univers mental.

La respiration consciente se confond en effet avec la conscience tout court : quand vous respirez ainsi vous êtes dans l'attention lucide, dès que vous sortez de cette vigilance-là – de cette présence à notre expir et à notre inspir – la sarabande des pensées reprend. Dès que l'on y revient, on sort du tourbillon mental pour le regarder comme s'il était détaché de nous et on a de nouveau les pieds sur terre, comme on dit chez nous, le nez vertical, la bouche et les yeux horizontaux, comme on dit en Orient.

Donc voilà : on habite son corps et sa respiration, et on regarde le flot d'images mentales comme si c'était un film que l'on n'essaye ni de stopper ni d'entretenir ; simplement être là, quelques minutes dans le calme intérieur suscité par ce contact intime et prolongé avec la respiration et le meilleur de nous-même.

Cela peut être fait n'importe où, au bureau, dans le métro, en marchant dans la rue : dès que l'on s'aperçoit qu'on perd le contact avec la réalité et que l'on s'engloutit corps et âme dans ses pensées, il suffit de revenir à la respiration profonde et à cette conscience subtile qu'elle développe si l'on y est attentif. Tout devient plus clair, en nous, autour de nous.

C'est tout et c'est immense ! Tout le b.a. ba de la méditation se trouve dans cette pratique-là.

Méditer en marchant

La marche en silence est une des meilleures méditations qui soient. Vous êtes sur un chemin de campagne, dans la forêt ou en ville dans un parc. Peu importe l'endroit, ce qui importe c'est d'entrer dans un processus de marche consciente. Pour cela trois règles:

1) observez vos pensées aller et venir ;

2) branchez-vous sur votre respiration : inspir naturel, expir long ;

3) ralentissez ou accélérez votre marche en étant présent à son rythme et à l'appui de vos pas sur le sol.

Au début, la sarabande des pensées envahit tout votre esprit. Puis, petit à petit, au fil de la marche, celle-ci diminue et vous devenez de plus en plus conscient de la nature, du chant des oiseaux, du jeu de la lumière dans les arbres, de la texture de l'air, des feuilles, des herbes et fleurs... Vous laissez pénétrer la nature en vous et celle-ci vous ressource profondément.

«QUAND TU MARCHES, MARCHE.
ASSIS, SOIS ASSIS.
SURTOUT N'HÉSITE PAS.»

Yun Men

Méditer dans la nature

Les annales racontent que le Bouddha aimait aller méditer dans la nature. Cela lui permettait aussi de s'échapper des soucis causés par la communauté de ses disciples !
Une fois rendu dans la forêt, il se faisait un siège avec une souche d'arbre, un monceau de feuilles qu'il rassemblait, ou un gros caillou.
Et tranquillement, il respirait et se laissait vibrer dans la magie vivante de la nature environnante.
On peut en faire autant !

Mettez vous face à un bel arbre, ou une plante inspirante. Ou bien adressez-vous à un arbre face à un paysage, petit ou grand, peu importe. Ou plus simplement encore restez assis le dos droit, les yeux mi-clos dans un endroit choisi.

Et laissez-vous immerger dans ce temple naturel formé par un environnement végétal quel qu'il soit. Même en ville, on trouve des parcs et des squares !
Et là encore, observez comment vont et viennent vos pensées.
Mais revenez sans cesse à la situation présente : ici et maintenant, où êtes-vous ?
Là et pas ailleurs.

Ces exercices de présence à soi et au monde sont faciles à faire et ressourcent profondément.

La méditation couchée

C'est aussi une forme de relaxation très connue dans le yoga. Il s'agit de s'allonger sur le dos, bien à plat, les bras le long du corps. On ferme les yeux et on respire calmement par le ventre. Il faut ensuite relaxer, mentalement et physiquement, chacune des parties de notre corps, en commençant par le haut du crâne, le front, les yeux, le nez, la mâchoire, la bouche, le coeur, les bras, les mains, le thorax, le plexus, toute la zone du ventre, le sexe, les fesses, les cuisses, les genoux, les mollets, les pieds.

«DANS L'ACTION, CONTENTE-TOI D'AGIR, EN PENSANT, CONTENTE-TOI DE PENSER, MAIS AVANT TOUT, CALME L'AGITATION DE TON MENTAL».

Yun Men

Bien détendre aussi chacun de vos doigts des mains et des pieds. Ne pas perdre le fil de la respiration. Cette technique de relaxation nous aide non seulement à créer une détente de tout notre être, mais aussi à réintégrer notre corps dans chacune de ses parties, en ressentant les tensions qui les habitent et en travaillant dessus pour les apaiser. En se relevant, faire quelques gestes de gym et boire un grand verre d'eau. C'est aussi un moyen efficace de lutter, quand on est au lit, contre une insomnie et les crispations mentales et physiques qui l'accompagnent. Et puis, le fait de voyager ainsi à travers notre corps aide à nous déconnecter de notre mental.

Méditer en chantant

L'exercice qui suit fut le premier que je découvris en 1970, alors jeune journaliste et très stressé, et qui m'ouvrit la porte des diverses techniques de méditation. Il est très simple et amène un réel apaisement et rafraîchissement intérieurs. Il s'agit simplement de chanter chacune des voyelles, AEIUO, trois fois de suite, jusqu'au bout de notre souffle. On s'aperçoit que chacune des voyelles crée un massage spécifique dans une zone du corps tout en libérant notre respiration:

- le son A, serein, agit sur le haut de la gorge, des poumons, et tout le crâne;
- le son E, grave, tonifie les glandes thyroïdiennes;
- le son I est très gai, on peut l'émettre un sourire aux lèvres;
- le son U pénètre plus profondément dans le thorax et le ventre;
- le son O: il est bon de terminer cette séquence de chant en émettant, toujours trois fois, ce son qui va jusqu'au fond de l'abdomen. On peut, quand on arrive à la fin de notre souffle sur le O, terminer cette séquence en émettant, à la suite et sur la fin de la respiration, un petit M: cela donne OM, la fameuse syllabe sacrée des Hindous qui serait à l'origine de l'univers, le mantra parfait.

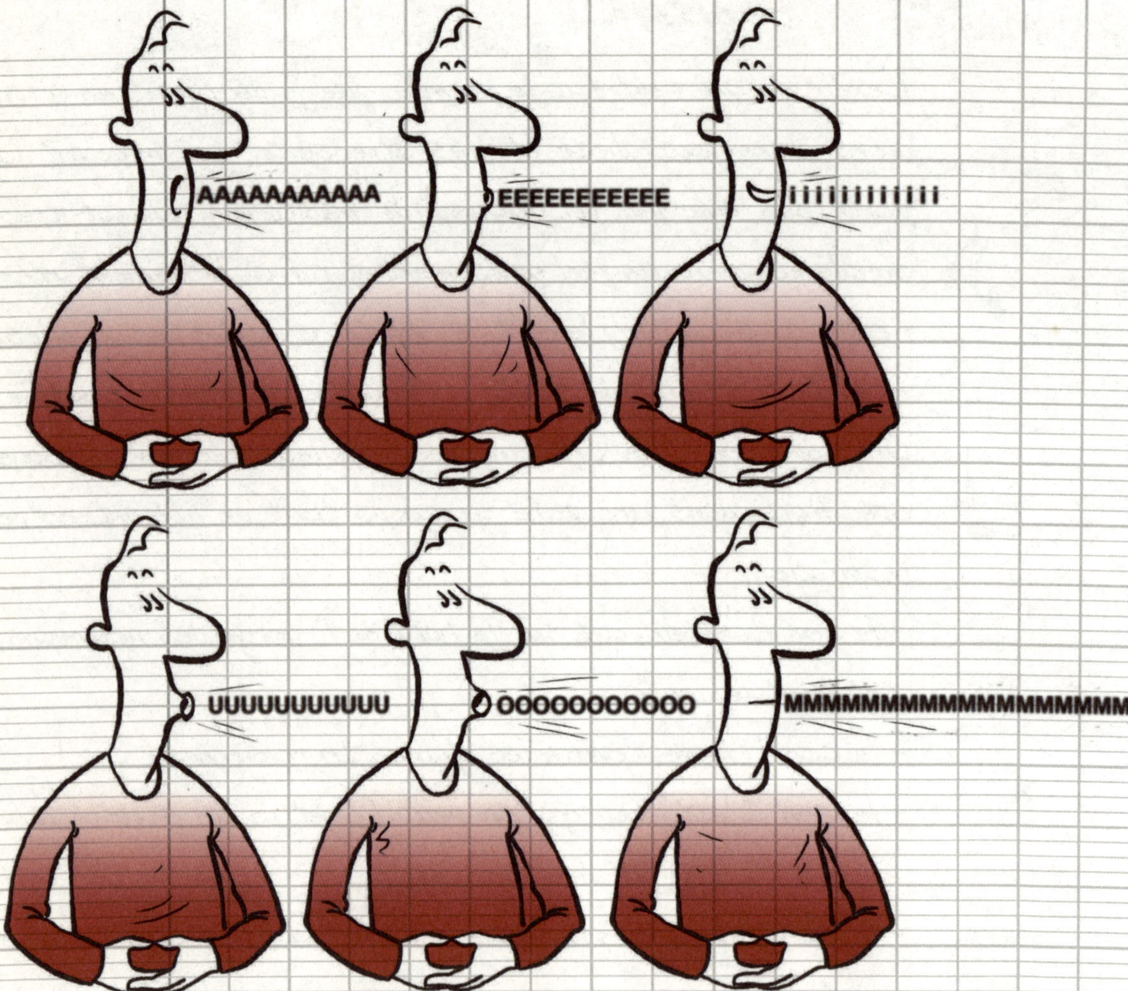

Cet exercice, en dehors du fait qu'il nous oxygène profondément, calme l'esprit et nous fait comprendre aussi combien notre respiration peut être longue et profonde. On peut ensuite calmement respirer, avec cette amplitude-là, quelques instants en silence.

Méditer avec la musique

Mettez un CD d'une musique calme et profonde, qui ne soit pas chantée, et installez-vous, avec ou sans écouteur. Soyez sûr de ne pas être dérangé, ni par le téléphone, ni par des rendez-vous ou des demandes diverses.

Il s'agit à présent de vraiment écouter.

Suivez chacune des variations et circonvolutions de cette musique, repérez les divers instruments, inbibez-vous complètement de son.

Gardez les yeux fermés.

En même temps, remarquez bien en vous quand votre mental dérape, quand il se met à rêver, à s'échapper, à ne plus être dans la musique.

«APRÈS AVOIR ÉCOUTÉ DU MOZART,
LE SILENCE QUI SUIT EST ENCORE
DU MOZART».

Sacha Guitry

Revenez sans cesse aux sons que vous écoutez, essayez sans relâche de tenir le fil de cette partition muscicale qui se développe.

Aidez-vous de la respiration, expirez profondément, inspirez profondément, laissez la musique envahir tout votre corps, tout votre être.

À la fin du morceau, restez quelque temps en silence, écoutez le silence.

Méditer avec une peinture

Nous allons reprendre le principe d'une méditation pratiquée chez les tibétains en particulier, avec ce que l'on appelle un mandala, c'est-à-dire une peinture sur tissu qui représente des scènes du panthéon bouddhique disposées en cercles concentriques.

Mais en fait, n'importe quelle peinture, photo, sculpture que vous aimez ou découvrez, peut faire l'affaire.

Mettez-vous face à l'image choisie, que cela soit chez vous ou dans un musée (c'est mieux) et regardez-la intensément.

« L'ART EST UNE PARABOLE DE LA CRÉATION ».

Paul Klee

Sentez-là dans ses moindres détails, ses couleurs et ses formes... Laissez-vous inbiber par elle.

Et à nouveau, remarquez quand votre esprit s'échappe. Respirez profondément et revenez à votre contemplation. Donnez du temps à celle-ci : dix minutes, un quart d'heure.

Tout en regardant la représentation choisie, laissez le calme vous envahir.

Devenez le tableau.

À la fin de cet acte, remerciez mentalement l'artiste.

La posture idéale

Bien sûr, on peut méditer partout, mais pour vraiment travailler sur soi en profondeur, la posture assise préconisée par le Bouddha et par tous les maîtres du bouddhisme s'avère tout à fait indiquée. Elle est simple, et on peut la pratiquer quelle que soit sa religion ou son absence de religion : elle fait tout simplement du bien.

a) On s'assied donc soit sur une chaise soit par terre sur un coussin rond, un peu dur (le fameux zafou).

b) On se tient le dos bien droit, on déploie sa colonne vertébrale, axe de stabilité.

c) Si l'on peut croiser les jambes en demi ou quart de lotus, c'est bien, et ce n'est qu'une question d'élongation musculaire. On peut aussi être assis sur les genoux.

d) Les yeux sont mi-clos, le regard posé, et non fixé, devant soi.

On peut méditer évidemment

aussi yeux ouverts ou yeux fermés, mais le regard mi-clos permet d'être à cheval sur les deux mondes, l'intérieur et l'extérieur.

e) Les épaules sont détendues, la nuque droite, le menton légèrement rentré: celui-ci se met en effet à avancer lorsque l'on pense, comme si la tête était tirée par le poids de ses images mentales; rentrer le menton permet de contrôler cela.

f) On se concentre sur la respiration, et particulièrement sur l'expiration que l'on rend la plus profonde possible, sans forcer, et que l'on dirige dans l'abdomen, sous le nombril.

g) On laisse les pensées défiler devant soi comme les images d'un film. Il est dit dans le zen, qu'en méditation, on va de pensée en non-pensée et de non-pensée en pensée.

Ce qui est frappant, c'est que notre univers mental, qui occupe normalement tout le champ de la conscience, petit à petit se dégonfle, comme un ballon qui se vide; il reste présent mais pas omniprésent!
Et on goûte la joie de l'immobilité et du silence.

La position des mains

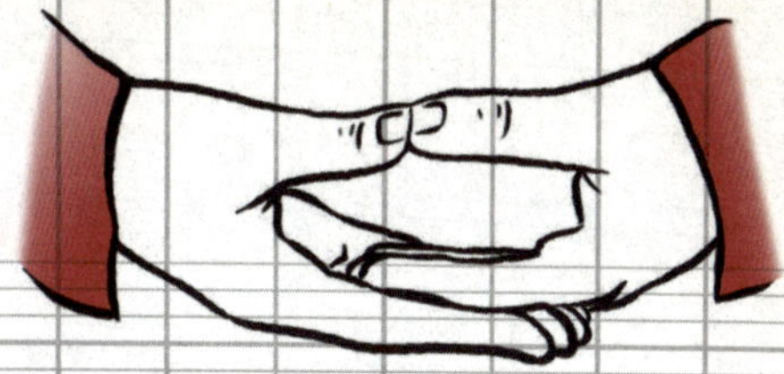

Elle est importante, car elle permet de bien contrôler ses états intérieurs. La main gauche est posée dans la main droite, les deux pouces se touchant à l'horizontale, en ne faisant «ni montagne, ni vallée»; en effet, s'ils tombent vers le bas, cela veut dire que notre posture s'amollit ou s'affaisse, s'ils montent vers le haut, cela signifie que nous nous énervons et avons du mal à garder la tranquillité de la posture. Ce très beau geste des mains, appelé, dans le bouddhisme, le <u>mudra</u> de la méditation, nous aide à garder un beau maintien: car, comme le disait Jacques Brosse, maître zen occidental, la posture juste exclut l'imposture!

«SI TU NE TROUVES PAS LA VÉRITÉ À L'ENDROIT OÙ TU ES, OÙ ESPÈRES-TU LA TROUVER ?»

Dōgen

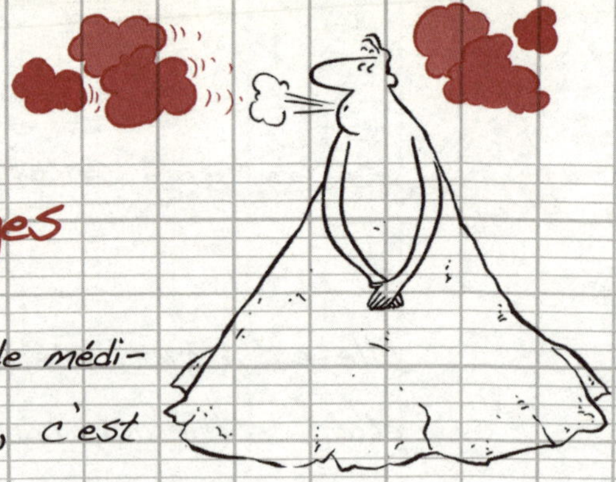

La montagne et les nuages

Notre authentique maître de méditation, notre vrai gourou, c'est tout simplement notre respiration. Il y a une jolie histoire orientale qui illustre bien ce propos. La posture assise de méditation s'y trouve comparée à une montagne. Les nuages, plus ou moins épais, plus ou moins sombres, qui l'entourent, ce sont nos pensées qui s'agitent en tous sens en nous et obscurcissent notre mental. Le vent qui souffle sur la montagne et aide à pousser, dissiper les nuages, et à faire réapparaître le ciel bleu (de la conscience bien sûr), c'est notre respiration. Et plus celle-ci sera ample et profonde, plus les nuages accumulés sur notre tête se trouveront-ils évacués et la clarté de notre conscience retrouvée.

«NOTRE RESPIRATION EST LE PONT ENTRE NOTRE CORPS ET NOTRE ESPRIT, L'ÉLÉMENT QUI RÉCONCILIE CORPS ET ESPRIT ET REND POSSIBLE LEUR UNICITÉ. LA RESPIRATION S'AJUSTE À LA FOIS AU CORPS ET À L'ESPRIT, ET C'EST LE SEUL OUTIL QUI PEUT LES RASSEMBLER, LES ILLUMINANT TOUS DEUX ET LEUR APPORTANT LA PAIX ET LE CALME».

Thich Nhat Hanh

Compter ses respirations

Lorsque notre mental est trop agité, une technique simple pour le discipliner durant la méditation consiste à compter ses respirations.

À chaque expiration, il faut émettre silencieusement un chiffre, que l'on garde en tête durant tout le temps que dure l'émission de notre souffle vers l'extérieur.

1 jusqu'au bout de l'exhalaison. Puis on recommence 2, puis 3 et ainsi de suite...

À 10 on arrête de compter, et on expire naturellement en regardant la modification ainsi créée dans notre esprit. Lorsque celui-ci s'agite à nouveau, on recommence le décompte. On pourra toutefois remarquer, à chaque fois que l'on arrête de compter, que le mental s'est nettement apaisé.

N'ESPÉREZ PAS UNE VIE SANS OBSTACLES NI DIFFICULTÉS.
UNE VIE AISÉE DONNE NAISSANCE À UN ESPRIT PARESSEUX ET TROP SÛR DE LUI.
C'EST POURQUOI UN ANCIEN DISAIT :
« ACCEPTEZ LES PEINES ET LES PROBLÈMES DE LA VIE.
NE COMPTEZ PAS SUR VOTRE PRATIQUE POUR VOUS METTRE
À L'ABRIS DES ÉPREUVES. SANS ÉPREUVES L'ESPRIT QUI CHERCHE
L'ÉVEIL PEUT PERDRE LA RAISON ».
C'EST POURQUOI UN ANCIEN DISAIT : « ATTEINDRE
LA DÉLIVRANCE AU MILIEU DES TURBULENCES ».

Kyong Ho

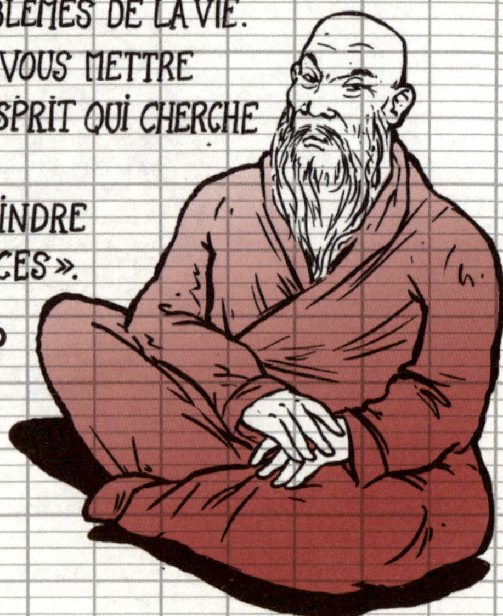

Le tourbillon mental

On peut comparer notre mental à un tourbillon: en effet, assis en méditation, on peut constater, en se regardant soi-même, que la sarabande de tout ce qui défile dans notre tête a tendance à tourner en rond. On ressasse les mêmes choses, les mêmes phantasmes, les mêmes regrets, les mêmes espoirs, les mêmes craintes. Et tout cela défile en boucle. Dès que l'on est conscient de ce processus, il suffit de regarder cette ronde comme on regarderait un écran de télévision, et de se brancher sur notre respiration consciente; on s'aperçoit alors que le tourbillon se délite et que le cours de nos pensées se met à couler de façon fluide. On peut ensuite les contempler, dit-on dans le zen, comme des feuilles flottant à la surface d'un cours d'eau, ou les laisser passer comme des nuages dans le ciel.

«LES TURBULENCES DE LA CONSCIENCE PÉRIPHÉRIQUE ÉTANT APAISÉES COMME UN CRISTAL REFLÈTE LE SUPPORT SUR LEQUEL IL REPOSE, LE MENTAL EST EN ÉTAT DE RECÉPTIVITÉ PARFAITE VIS-À-VIS DU CONNAISSANT DU CONTENU ET DU MOYEN DE CONNAISSANCE».

Patanjali, Yogas Sutra

Comme dans un miroir

J'ai toujours aimé cette fameuse sentence du Hokyo Zan Mai, texte majeur, écrit au IXe siècle par le maître zen Tozan, qui compare la méditation à une contemplation de nous-même dans une glace :

« Comme dans un miroir,
La forme et le reflet se regardent
Vous n'êtes pas le reflet,
Mais le reflet est vous. »

Et c'est vrai : nous n'avons pas besoin de nous identifier à nos pensées, elles sont nous-même mais, tout à la fois, elles ne sont pas nous. Nous sommes trop souvent l'acteur de tout ce qui se passe dans notre tête, il nous faut apprendre à en devenir le spectateur.

Le fait de se regarder soi-même en méditation permet de prendre cette distance salutaire avec nous-même.

« LA MÉDITATION QUI NE GRANDIT PAS L'ESPRIT,
ON LUI DONNE CE NOM,
MAIS ELLE N'EST QU'APAISEMENT.
PEU D'HOMMES TOUCHENT AU POINT SENSIBLE
DE L'ESPRIT, BIEN PEU D'HOMMES ASSOCIENT
LE CALME ET LA VISION PÉNÉTRANTE ».

Milarepa, Les Cent Mille Chants

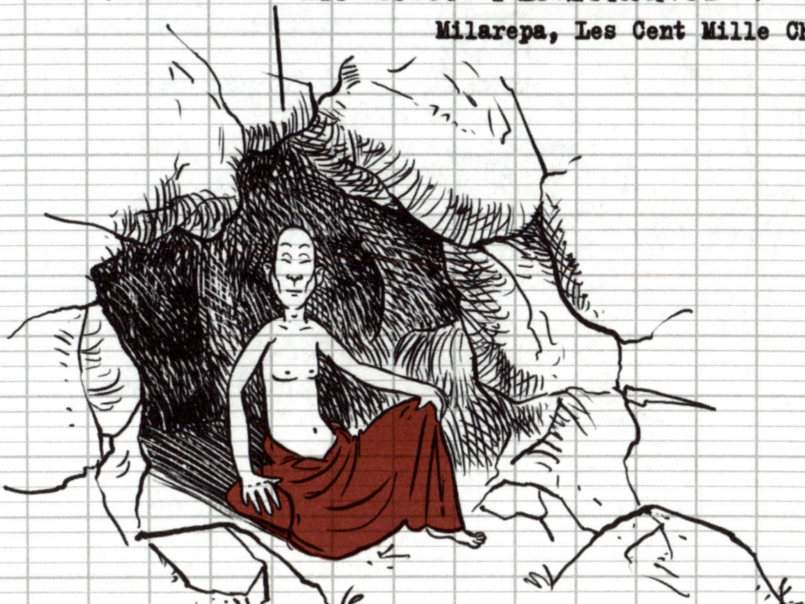

L'inutile

Un maître zen, Mumon Roshi, a exprimé cette grande vérité, que nous pouvons vérifier simplement: « Par la méditation, on peut réaliser combien l'être humain pense à l'inutile, combien l'esprit de l'homme est désordonné. » Il suffit de se mettre dans l'état méditatif pour constater cela: mais n'en gardons surtout pas une impression négative, c'est comme ça! Par contre, le simple fait de le savoir intimement nous permet d'accéder à une autre dimension de notre être. Dans la méditation, on sait parfaitement que nous sommes, chacun d'entre nous, des Dr Jekyll et Mr Hyde: le meilleur de nous regarde le pire de nous-même. Ce qui est important, c'est de se regarder soi-même et de retrouver, comme on dit dans le zen, la condition normale du corps et de l'esprit, qui n'a rien à voir avec notre état, perturbé, habituel.

«JE COMPTE MARCHER VERS LA PASSE DE LA MÉDITATION, MAIS IL Y A LES PIÈGES DE L'INDOLENCE, LES COULOIRS ENCAISSÉS DE LA CONTRAINTE ET LES SOMMETS EXPOSÉS DE L'IMAGINATION».

Milarepa, Les Cent Mille Chants

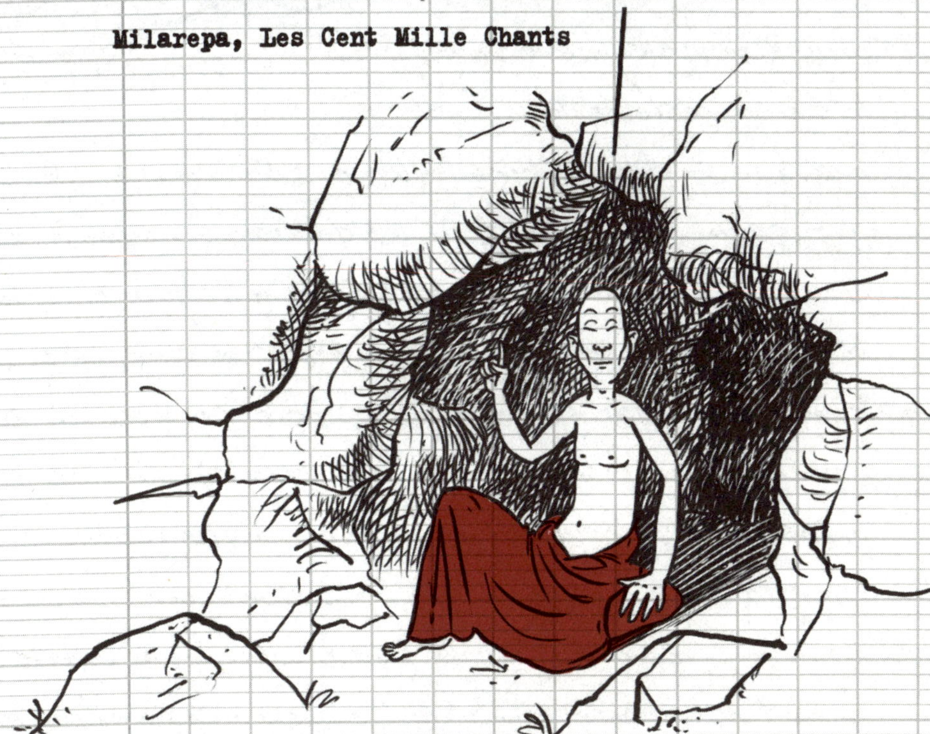

Joindre les mains

Cet acte, très employé en Orient pour saluer autrui, se recueillir devant un autel ou dans un temple, et que l'on retrouve chez nous, en Occident, dans le rituel de la prière, peut être considéré comme le premier geste de yoga. C'est un **mudra** : l'Anjalihasta, dans lequel nos deux mains ne faisant plus qu'une, réunissent tous les contraires, la gauche et la droite, le jour et la nuit, le masculin et le féminin, la fermeté et la douceur, l'être et l'avoir, le vide et le plein, l'esprit et la matière, l'inspir et l'expir. C'est donc un geste créateur d'unité qui, en branchant nos deux polarités, le plus et le moins, éveille en nous une nouvelle énergie, un nouveau courant vital. Les maîtres du zen préconisent donc de joindre fermement nos mains et de saluer profondément avant et après toute assise méditative: ce simple geste nous rassemble tout en manifestant notre respect pour la création.

Une jolie histoire : dans la fameuse épopée mythologique Hindoue, le Mahâbhârata, lorsque l'étang-Dharma demande au frère Pandava de citer un exemple d'espace, celui-ci lui fait cette sublime réponse : « Mes deux mains jointes ! » Elles éveillent en effet en nous l'immensité, l'infini.

TRADITIONELLEMENT,
À CHAQUE FOIS QUE JE JOINS LES MAINS
POUR SALUER BOUDDHA,
JE CHANTE CE COURT POÈME :

« CELUI QUI SALUE ET EXPRIME
SON RESPECT,
ET CELUI QUI REÇOIT
SALUT ET RESPECT,
TOUS DEUX
SONT VIDES,
C'EST POURQUOI
LA COMMUNICATION
EST PARFAITE ».

Thich Nhat Hanh

Que se passe-t-il durant la méditation ?

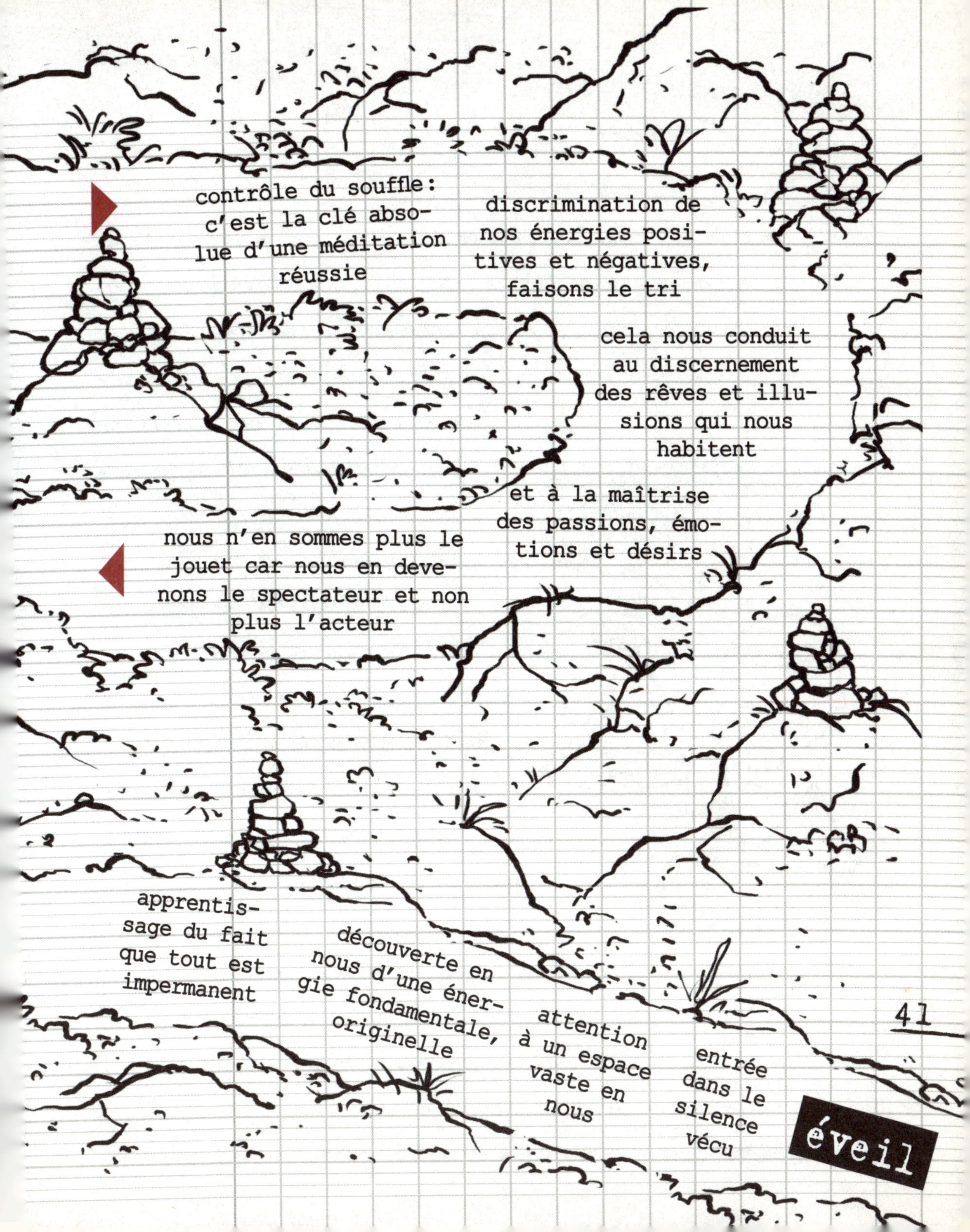

contrôle du souffle: c'est la clé absolue d'une méditation réussie

discrimination de nos énergies positives et négatives, faisons le tri

cela nous conduit au discernement des rêves et illusions qui nous habitent

et à la maîtrise des passions, émotions et désirs

nous n'en sommes plus le jouet car nous en devenons le spectateur et non plus l'acteur

apprentissage du fait que tout est impermanent

découverte en nous d'une énergie fondamentale, originelle

attention à un espace vaste en nous

entrée dans le silence vécu

éveil

Nirvana et satori

Un concept oriental qui a pris beaucoup d'importance dans la mythologie occidentale est celui de «nirvana». Ah! Atteindre le nirvana, le paradis intérieur, la béatitude totale et infinie, pour toujours, quelle plus belle espérance avoir quand on s'intéresse à la spiritualité? Mais ce rêve de fusion n'est qu'un rêve. De même pour le concept d'éveil, «satori» en japonais. Ah! Réussir à connaître l'éveil subit, ne plus avoir de problèmes existentiels, ni de problèmes tout court, etc. Tous ces concepts faisaient beaucoup rire le maître zen Taïsen Deshimaru qui disait:

«En Occident on rêve au nirvana et au satori à la façon d'un feu d'artifice du 14 juillet: on attend l'extase absolue, pleine de flashes cosmiques, et de surcroît, définitive!...

... Or tous les jours nous avons des satori, des prises de conscience, petites, moyennes, plus ou moins grandes. Ces prises de conscience survenues dans la vie quotidienne sont des satori ! »

De même, le maître bouddhiste indien du IIe siècle, Nagarjuna, que les philosophes d'Occident redécouvrent aujourd'hui, énonçait :

« Il n'y a aucune différence entre le nirvana et le samsara et vice-versa. »

Le **samsara**, c'est justement la ronde des phénomènes de notre vie ! Donc l'éveil de la conscience d'être se trouve là, dans notre vie, et pas ailleurs.

Les Kôans

Certains maîtres zen employaient ainsi des moyens énigmatiques, soit par des actes, soit par la parole, pour éveiller leurs disciples.

La tradition historique a recueilli des centaines de formules, ou Kôans, qui ont été utilisées pour aider l'esprit des élèves méditant à aller plus loin et dépasser leurs catégories mentales.

Une école particulière, le Zen Rinzai, les utilise même durant l'acte de méditer ; l'élève essaye alors de résoudre le kôan qui lui a été donné par l'instructeur.

Pour donner une idée de la teneur de cet enseignement particulier, en voici un exemple :

Un moine demanda à Tchao-Tchou:

– «Quel est le sens de l'enseignement du Bouddha?»

Tchao-Tchou répondit:

– «Le cyprès, là en face, dans le jardin.»

Et voici mon kôan préféré:

Méditer dans chaque geste

Il y a cette histoire célèbre dans les annales du zen, d'un moinillon qui demande à son maître avant un repas :

– Où est la vérité?

Le maître lui demande alors :

– Tu as mangé?

– Non, répond le moinillon.

...

"QUAND VOUS PRENEZ UNE DOUCHE, VÉRIFIEZ QUE VOUS ÊTES BIEN DANS LA DOUCHE.

IL SE PEUT QUE VOUS SOYEZ DÉJÀ EN RÉUNION DE TRAVAIL. PEUT-ÊTRE MÊME QUE LA RÉUNION ENTIÈRE EST DANS LA DOUCHE AVEC VOUS !"

Jon Kabat-Zinn

Cela me fait penser à la fulgurante phrase de Sainte Thérèse d'Avila: « Mes soeurs, Dieu se trouve dans les casseroles de la cuisine! » On peut méditer lors de n'importe quelle tâche: il suffit simplement de s'apercevoir si l'on est présent ou pas dans ce que l'on fait. Or, la plupart du temps l'on se trouve perdu, noyé dans nos pensées. Cela peut devenir un jeu, celui de la quête de pleine conscience: repérer ces moments où l'on perd le contact avec la réalité, pris alors par le tourbillon mental, et revenir tout de suite à la surface par l'attention à l'instant présent.

Méditez en mangeant, en conduisant, etc.

Décidez de faire un repas méditatif en silence.

Le principe est simple : devenez ce que vous mangez.

Entrez dans chacune des saveurs de ce que vous avez choisi d'ingérer comme aliments. Mâchez, mastiquez lentement. Et constatez une fois de plus combien votre esprit est volatile et vient s'immiscer dans ce que vous faites ; mais rappelez-vous que ce ne sont pas vos pensées que vous mangez, mais ce qu'il y a devant vous ! Restez concentré sur votre vrai repas. Il est dans votre assiette et dans votre bouche, pas dans votre tête !

De même, en conduisant une voiture, remarquez combien les habitudes de la conduite favorisent une sorte de rêverie éveillée... Revenir au volant, au paysage,

à ce qu'il se passe devant, derrière, autour de nous.

Nous savons tous que la plupart des accidents viennent de fautes d'inattention.

Et c'est valable pour la plupart de nos actions !

«L'ESPRIT AGITÉ EST LE GRAND ASSASSIN DU RÉEL».

Duago Lharje

Avec quel esprit allez-vous manger ?

Tokusan, un érudit fameux, entendit parler un jour d'un Maître que tout le monde tenait pour très grand : Maître Ryutan. Il décida de lui rendre visite.

En arrivant à la porte du temple, Tokusan aperçut une petite échoppe tenue par une vieille femme. Elle y vendait des gâteaux de riz. Tokusan en demanda trois. Son air fanfaron éveilla la curiosité de la vieille femme.

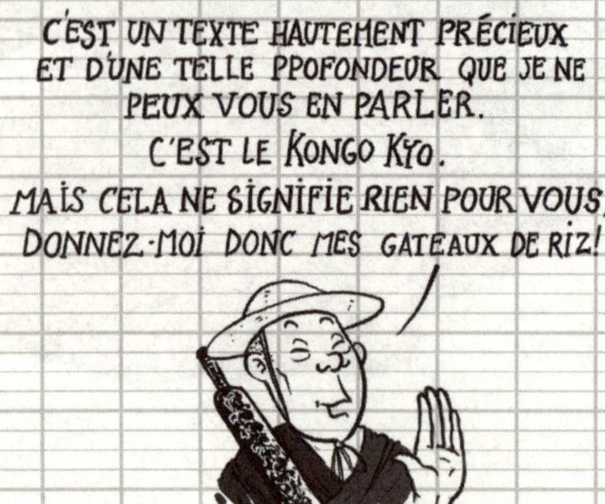

Tokusan resta stupéfait. Il ne put répondre ni obtenir les gâteaux de riz.

Fort perplexe, il pensa que Ryutan devait être un grand Maître pour qu'une petite vieille, voisine du temple, pût avoir l'esprit aussi habile.

Il franchit aussitôt le grand portail du temple et alla voir Ryutan. Il fut accueilli simplement : son lit fait et sa tâche définie, il lui fut demandé de se retirer et d'attendre que le maître le convoquât.

Chaque jour, Tokusan avec application, balayait la cour du temple, ratissait le jardin, nettoyait les salles du temple, et les jours s'écoulaient ainsi.

Maître Ryutan accepta donc de le recevoir.
L'entretien se prolongea jusqu'à une heure fort avancée de la nuit.

Fatigué par une discussion stérile, Maître Ryutan lui donna congé. Passé le seuil, l'obscurité était totale.

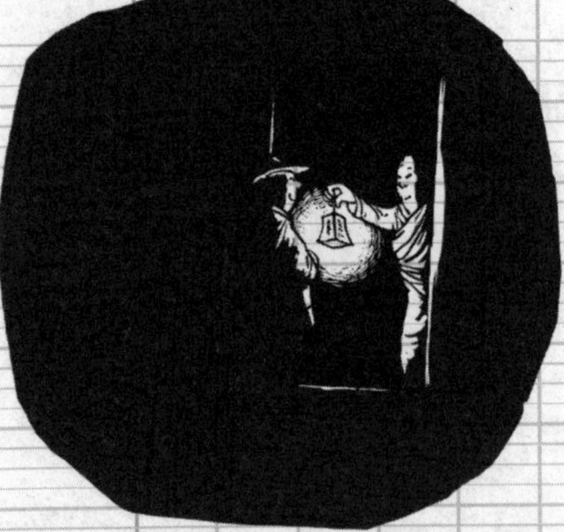

Aussi Maître Ryutan alla chercher une lanterne.

...

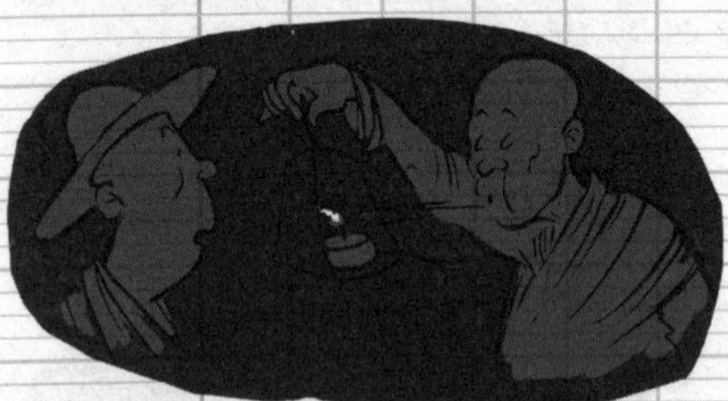

Mais à l'instant précis où il la tendit à Tokusan, il en souffla la flamme. L'obscurité se fit de nouveau, plus épaisse qu'auparavant.

Dans l'instant, Tokusan obtint l'éveil, le grand satori.

Comment obtint-il le satori ?

C'est un kôan!

« La sagesse de l'éveil est inhérente à chacun de nous. C'est à cause de l'illusion dans laquelle travaille notre esprit que nous n'arrivons pas à la réaliser par nous-même et que nous devons avoir recours aux conseils et à la conduite des éveillés, avant de pouvoir connaître notre propre nature. Vous devriez aussi savoir qu'en ce qui concerne la nature de Bouddha, il n'existe aucune différence entre un homme éveillé et un ignorant. Ce qui constitue la différence, c'est que l'un la réalise et que l'autre l'ignore. »

Houei Neng, VIe Patriarche

«LA MÉTHODE DE LA PURIFICATION DE L'ESPRIT
CONSISTE EN CECI :
D'ABORD, SE CONCENTRER.
NE PAS ÉCOUTER PAR L'OREILLE MAIS PAR L'ESPRIT.
NE PAS ÉCOUTER PAR L'ESPRIT MAIS PAR LE SOUFFLE.
L'OREILLE ÉCOUTE, L'ESPRIT REPRÉSENTE,
SEUL LE SOUFFLE SE CONFORME À TOUTE SITUATION
CAR IL EST VENT VIDE.
ET LE TAO CHEVAUCHE LE VIDE
LE VIDE PURIFIE L'ESPRIT.
DANS LE VIDE DE L'ESPRIT PÉNÈTRE LA LUMIÈRE
COMME LE PAYSAGE PAR LA FENÊTRE D'UNE PIÈCE VIDE.»

Tchouang Tseu, Aphorismes et paraboles

Solitaire et solidaire

La méditation n'a rien à voir avec une pratique nombriliste. Elle ouvre une porte sur nous-même, mais elle nous ouvre aussi à autrui et au monde. Le Bouddha disait : « Quand je m'assieds en méditation, je m'empreins de compassion pour l'univers entier. » Nous sommes en effet à la fois des êtres solitaires et des êtres solidaires ! Et solidaires des autres êtres humains mais aussi de tout ce qui est vivant, de toute la Création.

Et j'aimerais conclure avec ce magnifique adage, célèbre dans le bouddhisme :

« Vous qui avez eu la chance de prendre forme humaine, ne perdez pas votre temps ! »

Le temps de notre vie est utile et précieux, l'art de méditer le rend plus dense, plus plein !

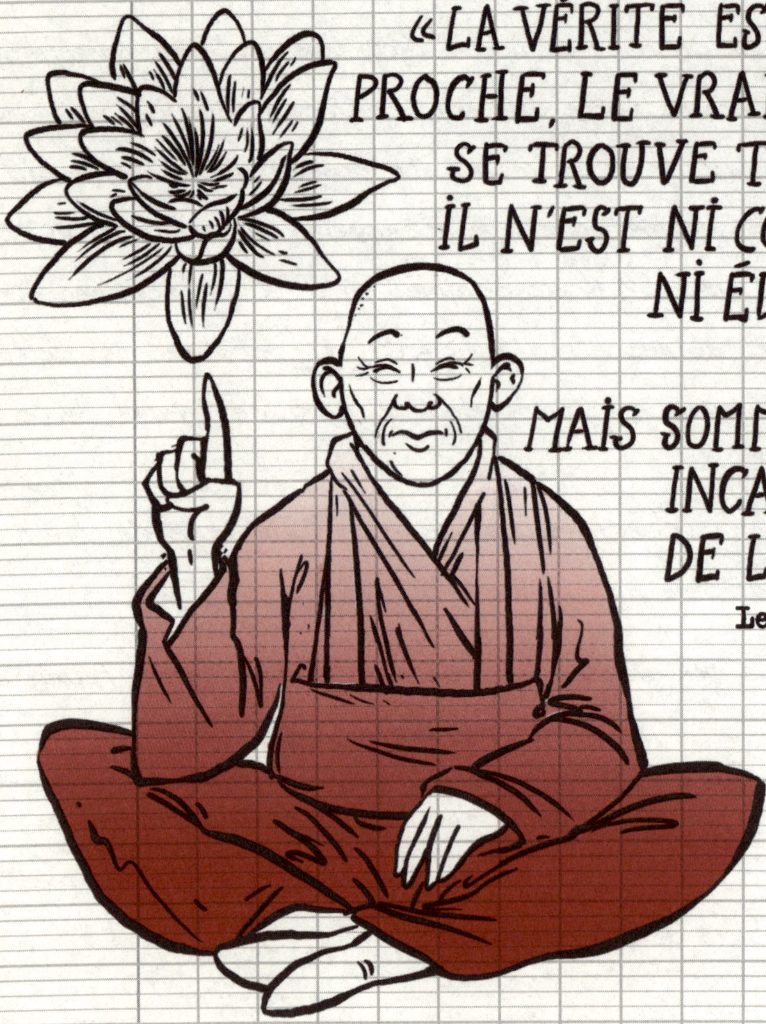

Le Sûtra du Lotus

Bibliographie

Taisen Deshimaru, « La pratique du Zen »,
éd. Albin Michel

Matthieu Ricard, « L'art de la méditation »,
éd. Nil et Le Livre de Poche

Jon Kabat-Zinn, « Méditer, 108 leçons de pleine conscience »,
éd. Les Arènes

Jon Kabat-Zinn, « Où tu vas, tu es »,
Pocket

Dr Frédéric Rosenfeld, « Méditer c'est se soigner »,
éd. Les Arènes

Les Fehmi, Jim Robbins, « La pleine conscience »,
éd. Belfond

Marc de Smedt dirige la revue **Question de**.

Site : **www.questionde.com**

Éditeur et écrivain, il a, entre autres, publié:

Chez Albin Michel

« Une journée, une vie », 2013. (Édition Poche, Seuil, 2015)

« Paroles d'Orient », 2009

« Sagesses et malices du zen », 2006

« Éloge du bon sens dans la quête du sens », 2001

« La Clarté intérieure », 1993

« Éloge du silence », 1986

« Techniques de méditation et pratiques d'éveil », 1983

Aux éditions du Relié

« Exercices d'éveil pour petits chatons » (avec Sabine Rochas et des dessins de Christian Gaudin), 2006

« Retrouver l'esprit de la méditation » (livre + CD), 2014

Mes notes perso

Mes notes perso

Mes notes perso

Dépôt légal : juin 2015
IMPRIMÉ EN FRANCE

Achevé d'imprimer le 17 mars 2016
sur les presses de l'imprimerie *La Source d'Or*
63039 Clermont-Ferrand
Imprimeur n° 18548

IMPRIM'VERT Votre imprimeur agit pour l'environnement

PEFC
PEFC/10-31-2008

Dans le cadre de sa politique de développement durable,
La Source d'Or a été référencée IMPRIM'VERT®
par son organisme consulaire de tutelle.
Cette marque a été attribuée à l'issue d'un programme d'investissements
et d'un audit garantissant la totale récupération des déchets à des fins de recyclage.
Cet ouvrage est imprimé - pour l'intérieur -
sur papier bouffant "Munken Print White" 80 g, main de 1,8
des papeteries Arctic Paper, dont les usines ont obtenu
les certifications environnementales ISO 14001 et E.M.A.S.